空き家の手帖

放っておかないための考え方・使い方

JN186991

六原まちづくり委員会＋ぽむ企画　著

学芸出版社

はじめに

『空き家の手帖』は全国の空き家の所有者や、空き家でお困りの地域の皆様に向けて、空き家解消・予防のための考え方や使い方をわかりやすく、読みやすくお伝えする書籍です。この本は、元はといえば、京都のまちづくり組織「六原まちづくり委員会」が地域の方に配布するために自主制作した、小さな冊子でした。

六原まちづくり委員会は京都市東山区にある六原学区の自治連合会の下部組織で、２０１１年に設立されました。前身は10、11年度の「京都市地域連携型空き家流通促進事業」として京都市の支援を受け、学識経験者や専門家とが連携しながら空き家流通に向けての調査・提案などを行った六原学区の住民によるグループです。12年度からは地域自立・自走型のまちづくりを開始し、地域住民に加え、行政や、不動産や建築、まちづくりの専門家など、多彩な人材と協力しながら進めています。

なぜ六原学区が空き家問題に取り組み、『空き家の手帖』を制作することになったのでしょうか。背景には、空き家を要因とする地域の課題と、空き家調査からの発見がありました。六原学区は、京都市東山区、清水寺と鴨川の間、五条通北に位置します。学区内は観光地に囲まれた市街地で、古い町家も数多く残っています。歴史性と利便性を兼ね備えた恵まれた環境にありながら、一部の建物が空き家として放置され、地域の防災や治安に悪影響を及ぼしつつありました。一方で２０１１年、

学区内に小中一貫校ができたことを背景に若い世帯の転入希望者が増え、住宅需要はあるものの供給が追いつかない状況でした。六原まちづくり委員会が空き家流通を促進すべく、空き家の所有者に事情をヒアリングしたところ、所有権や相続の問題がこじれている、片付けをする時間がない、知らない人に家を貸すのが不安といった、流通する以前の問題を抱えていることがわかってきました。そこで六原まちづくり委員会は14年3月、空き家の所有者に向け、空き家との付き合い方の基本を伝える冊子『空き家の手帖』を制作したのです。発行した３５００部のうち１８００部は空き家の問題点と流通の大切さを地域の住民にお知らせするため、六原学区全世帯に配布しました。

２０１４年の私家版刊行後、地域住民のみならず、全国のまちづくりに関わる専門家などから大きな反響があり、このたび学芸出版社から刊行されるはこびとなりました。それにあたり、空き家発生の大きな要因にも関わらず紹介できていなかった第5章「片付けが、空き家防止の第一歩」と、空き家の活用事例の追加、およびコラムの刷新をしております。本書が空き家解消への取り組みの手助けとなり、将来の空き家を生まないためにどうすべきかを考える、きっかけとなれば幸いです。

２０１６年９月　　六原まちづくり委員会　委員長　菅谷幸弘

空き家の放置は

正面から見てまともでも、
裏側や内部は酷い状況とい
う空き家も少なくない。

写真は京都府内の空き家の一例です。撮影：寺川徹

危険です。

放置期間が長く荒れ放題。
壁が自然崩壊し、屋根を支
える小屋梁が落ちている。

気づかないうちに

屋根からの雨漏りを放置して、天井が抜けた室内。前住人の荷物が散乱している。

柱や天井が腐ります。

雨漏りにより水が直接当たるので柱が朽ちていく。崩壊の危険性も出てくる。

手遅れになる前に

活用しましょう。

空き家はいろんな

長年放置された空き家を借り主が多くの人と協働し事務所に改修した例。→ P52

撮影：東山 アーティスツ・プレイスメント・サービス（HAPS）

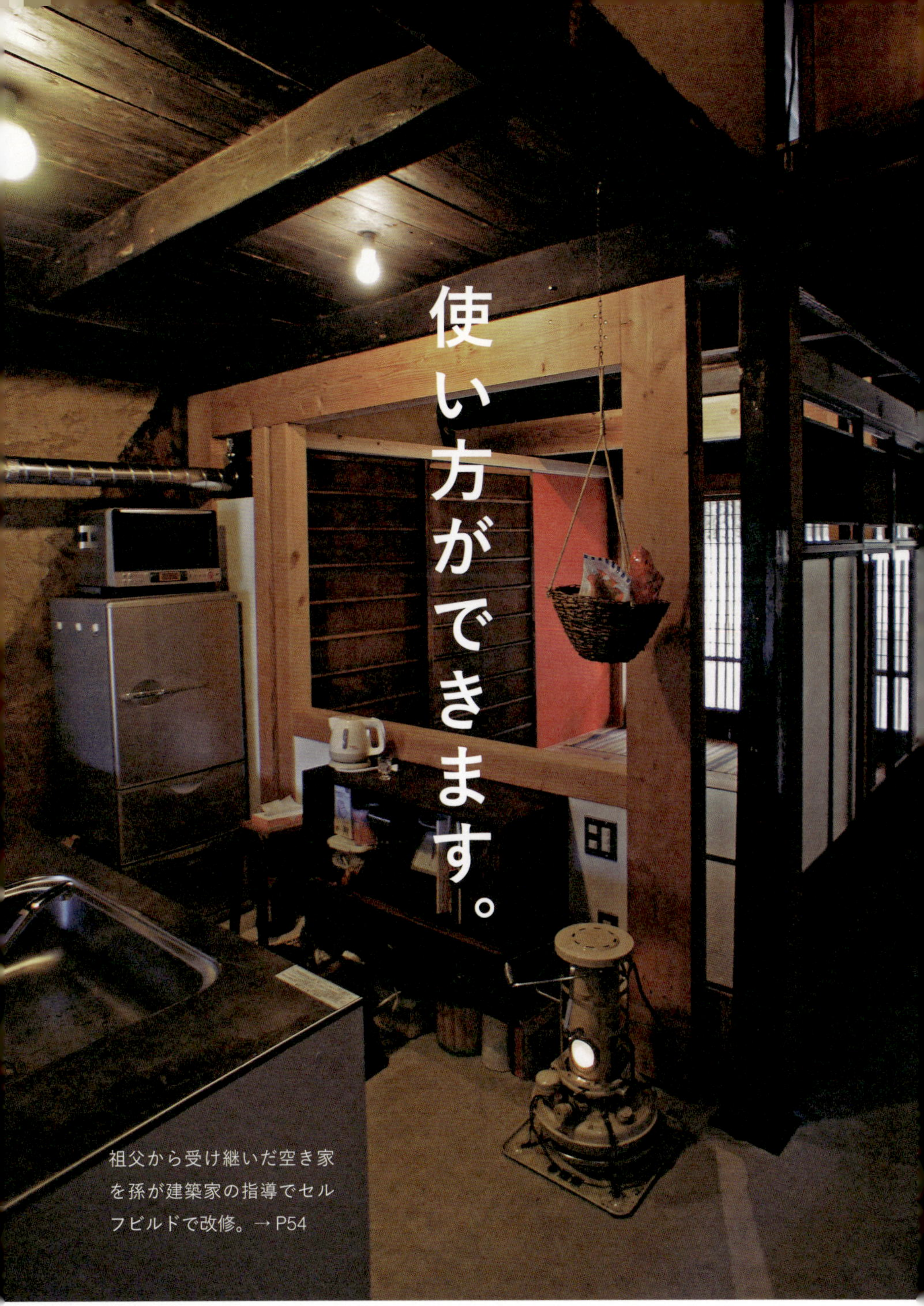

使い方ができます。

祖父から受け継いだ空き家を孫が建築家の指導でセルフビルドで改修。→ P54

撮影：垣内光司

目次

3章 活用のノウハウ 41

4章 今日から始める空き家相続 65

5章　片付けが、空き家防止の第一歩　77

登場人物

六原家の人々

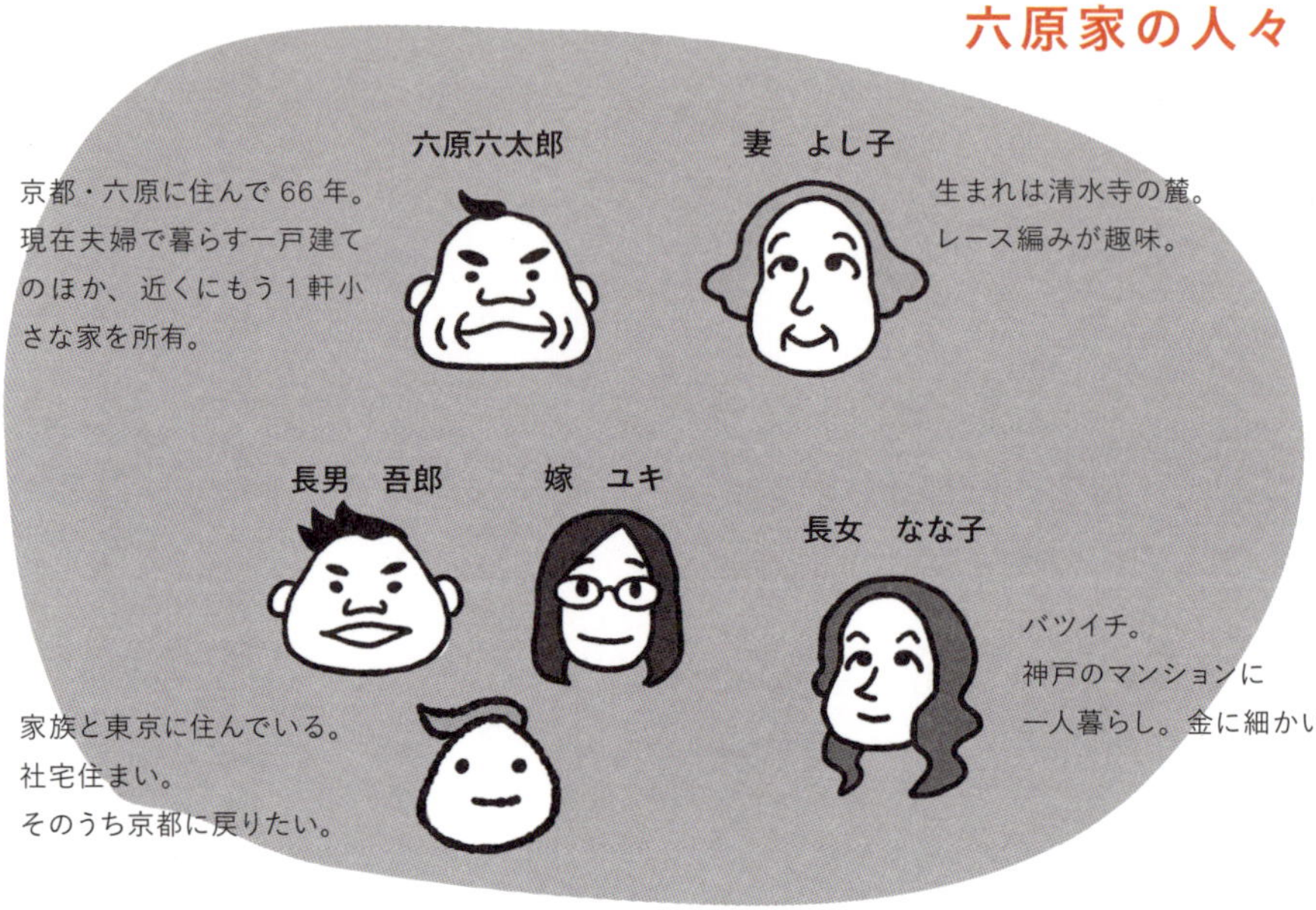

六原六太郎

京都・六原に住んで66年。現在夫婦で暮らす一戸建てのほか、近くにもう1軒小さな家を所有。

妻　よし子

生まれは清水寺の麓。レース編みが趣味。

長男　吾郎

嫁　ユキ

家族と東京に住んでいる。社宅住まい。そのうち京都に戻りたい。

長女　なな子

バツイチ。神戸のマンションに一人暮らし。金に細かい。

六原まちづくり委員会の人々

ケンさん

建築家。建物のことならおまかせあれ。

マチコ先生

大学の先生。まちづくりが専門。

オショウさん

お寺の和尚さん。六原のみんなの心の支え。

セイコさん

整理収納アドバイザー。片付けのプロ。

スガタニさん

六原に生まれ育って61年。まちづくり活動のリーダー。

フドウさん

不動産業。法律からお金のことまでなんでもござれ。

1章

あなたの家、空き家にしていませんか？

空き家の存在は、社会的な問題となっています。しかし「空き家の何がいけないの？」「自分の所有する家をどう使っていても自由でしょう？」と感じる方も多いのではないでしょうか。空き家のどこが問題なのか、整理してみましょう。

Q うちの家は「空き家」にはしていませんけど……？

お母さん、前、叔父さんに貸してた家、いま空いてんの？

空いてへんよ、使うてるよ。夏の服とか置いたあるわ。
あんたの昔の服とかお雛さまもあそこにしもたある。

たいがい古い家やし、雨漏りとかしてへんやろか。

ちょこちょこ様子見てるし、どうもあらへんよ。

A

いいえ、それは「空き家」です。

マチコ先生

人が住んでいなくても、**倉庫として使っているから「空き家」ではない**とおっしゃる方は多いのです。

こうした空き家、問題は**人の目が行き届かず管理が不十分**になり、建物が傷みやすくなることです。「年に数回は見に行っているから大丈夫」と思っていても、気づかないうちに雨漏りが起きているなどということもありえます。実際にそれが原因で家財道具や畳に水がまわり、カビが大発生などという、ひどい被害に発展した例もあるのです。

しかし人が住んでいれば、必ず気づくはず。建物の管理、まずは**人が使いつづける**ことが大事です。

Q

空き家にしておいても、誰も困らないでしょう？

家空けといて、ご近所からなんやかんや言われへんの？

そんなことないわ。誰にも迷惑はかけてへんもん。

そうやね、外はきれいにしてるさかいに。

家はわしとこのもんやし、好きなようにしてええやろ。

A

いいえ、まわりの家が困ります。

マチコ先生

空き家にしていても、他人には迷惑にならない。家は自分の財産だから多少荒れていても自分で責任を取ればよい。……そう考える気持ちはよくわかります。しかし**空き家のせいで、まわりが困る**こともあるのです。

まず、ガラスが割れ、樋が外れ、ポストにチラシが溜まっているような見るからに荒れた空き家の増加は周辺エリアの**治安に悪影響**を及ぼします。

それだけでなく屋根が崩れるなど老朽化した空き家は、瓦の落下などで**隣家や道行く人々に危険**を及ぼす可能性があるのです。

さらに怖いのが**火事**です。空き家は人が住む家に比べて放火されやすくなりますし、知らず知らずのうちに電気配線やガス管などが劣化し、自然発火を招くようなリスクもあるのです。

Q
人が住むから、家が傷むんですよね？

まあ、あの家を物置きにしとくのは、何かもったいない気もするけどな。

そやかて人が住んだら傷むやろ。

それもそうやな。放っておいたほうが得か。

空けといても、減らへんしなあ。

A

いいえ、家は使わないと傷むんです。

ケンさん

「人が住むと家が傷む」「建物の維持のためにも空き家にしておいたほうがいい」……これは、まったくの誤解です。定期的に窓を開けて換気をし、電気やガス、水道が問題なく使えるかを確認するなど**メンテナンスをしなければ、家は傷んで**しまいます。気づかないうちに水道管が傷んで破裂してしまう、なんていうことも。

しかし誰かが住んでいれば不具合に気づき、すぐに大工さんや水道屋さんなど、**業者を呼んで修理**をしますね。空き家にしている方が、気づかないうちに大きな傷につながるんです。

Q

空き家の管理に、手間や時間をかけられません。

あの家に置いてたお客さん用の布団、湿ってたわ。

ええ！　ちょこちょこ様子見てるって言うてたやん。ちゃんと風通さな、柱やら腐ったら大損やんか。

そらそうやけど……めったに使うもんとちがうし、ついつい忘れてしもたなあ。

A

管理には、「空き家見守りサービス」も使えます。

フドウさん

長年空き家にしてしまうと建物は少なからず劣化します。いざ住もうという段階になったとき、住める状況にない、改修にたいへんなお金がかかる、ということもありえます。**普段からきちんと管理した方が、結果的には得**かもしれません。

しかしどうしても管理に手間をかけられない、時間や人手が足りないという方は、空き家や留守宅を定期的に巡回し、維持やメンテナンスを代行する「**空き家見守りサービス**」を利用することも可能です。地域によっては民間の有料サービスが存在することが多いので、利用してみてはいかがでしょう。

空き家を放置しておくと、どうなってしまうのでしょう……？

屋根が抜け、瓦がずり落ちそう。
危険です！

いつのまにか雨漏りして、
床が腐ってしまいました。

家の周囲は雑草だらけで、中は動物のすみか。不衛生で近所迷惑に。

管理が行き届かず、放火犯に狙われやすい。延焼で大惨事を招くことも。

※昭和 50 年以降平成 27 年まで 40 年連続、京都市内の火災原因の 1 位は放火です。

雨漏りなどで電気配線が水にぬれて漏電。これも火災の原因に！

コラム

空き家が地域に及ぼす影響

井上えり子［京都女子大学准教授］
専門は建築計画学、住宅計画学。まちづくりや空き家問題に取り組む。

これまで、空き家問題は人口減少の進む地方の問題とされてきましたが、近年、大都市においても空き家問題が深刻です。空き家は、基本的には所有者の問題なので他人は口出ししにくいものですが、実際には地域にさまざまな影響を及ぼしています。

まず空き家の現状として、長期化した空き家が増加しています。それは、賃貸するためでも売買するためでもない、いわば「なんとなくの空き家」です。空き家が長期化すると、内部はかなり傷んでいて、崩壊が始まっている場合も少なくありません。しかし崩壊は、通気性の低い内部から始まるため、外からはその危険性があまり見えません。

ですからご近所に空き家があれば、それは崩壊しつつある空き家かもしれません。それがお隣であれば、我が家に崩れてくる可能性もあります。小動物が棲みつく、虫がわくといった例もあります。防犯・防災に対する不安もぬぐいきれません。

また、我が家の隣に空き家がなくても、地域に空き家が増えさらに流通していないとすると、それは地域の人口が減っていることを意味します。地域の人口が減ると、小学校が統合され、スーパーや病院等の利便施設が撤退します。また、高齢化も加わって、地域活動の担い手が足りなくなる等、空き家は地域を衰退させます。

あなたの身近に、このような例はないでしょうか?

一方で、所有者と地域が空き家問題に取り組めば、良い効果も期待できます。空き家が多くても、それらが流通さえすれば、町に大きな変化をもたらすことができます。具体的には、若い家族をおおぜい呼び込んで、地域を活性化することも可能なのです。

2章

空き家を活用しましょう

空き家を維持するには、誰かに住んでもらうのが一番。「でも、どんな人が住むの？」「一度人に貸したら戻ってこないのでは……？」いざ他人が使うとなると、何かと心配ですね。貸し家をめぐるトラブルを回避し、大家さんの不安を解消する方法を紹介します。

Q

こんなボロい家、誰も借りてくれないでしょう？

あの家、また貸したりせえへんの？

せやけど、今どき風呂もないような家、誰も借りたないやろ。

水もよう出えへんし、ふすまもボロボロやもん。

貸すんやったら、ちゃんときれいにせんとなあ。

A

スガタニさん

いいえ、借りたい人はいます。

家はきれいじゃないと借り手がつかない？　いいえ、一概にはいえません。

たとえば**ボロボロでも家賃が安いほうがよい**という方がいます。DIYで**住まいをカスタマイズしたい**人、**汚しても大丈夫な空間がほしい**人もいます。きれいに直してあるよりも、**手つかずの空間のほうが好き**な人もいます。人が住まいに求める姿はさまざまです。

六原まちづくり委員会でも所有者と入居希望者を相互に紹介し、20年間住まわれておらず廃屋に近い状態から、借り手の改修で見違えるように生まれ変わった事例など、**マッチングの成功例**が増えつつあります。いろいろな貸し方があるのです。

Q

借り手にどんな使い方をされるのか不安です。

知らん人に家を貸すのは心配やわ。

なんで？

どんなふうに使われるか、わからへんもん。
やかましい人やったら、近所迷惑やわ。

隣の松原さんとこなんて、家を人に貸したら勝手に改造されて、
それでえらいもめたはったな。

A

フドウさん

貸すときの契約に注意すれば、大丈夫です。

借り手に建物を汚されたり、勝手に改造されたり、それが原因で後でもめたりすると困りますね。心配ならば賃貸借契約の際、**図面を確認しながら改造してもいい範囲、もとに戻すべき範囲を約束**しておきましょう。古い家は、造作の変更がなされても変化がわかりにくいので最初の契約が肝心です。

また**借り手が畳や建具、便座などをつけ加えた場合、借り手は貸主に買い取りを請求する**権利「造作買取請求権」を行使できることになっていますが、これは**特約で解除**できます。行使させたくない場合は、あらかじめその旨を契約書に書いておきましょう。

Q

大家さんになるのって、大変そう。

大家さんて大変やで。

となりの松原さんとこも大変そうやったもんなあ、家賃の催促やら。

水漏れやら、鍵が壊れたやらで、夜中でも電話かけてきよる。

そこまで大家がしなあかんやろか。

A

スガタニさん

管理を専門業者に委託することもできます。

たしかに大家さんの仕事は意外に大変。特に面倒なのが**家賃管理**と、**建物や設備のトラブル対応**です。個人の大家さんでは家賃の遅れに対応しきれないという話はよく聞きます。休日だろうが夜中だろうがお構いなく起きるトラブルにも対応しなくてはなりません。

大変だと感じる場合は、**専門業者に家賃管理と建物や設備のトラブル対応を任せてしまいましょう。**建物や設備に不具合があったときには、業者への修理依頼を代行するだけでなく、貸主と借り手のどちらに責任があるのか判断し、修繕費用の請求もしてくれるので、**費用負担のトラブルも防ぐ**ことができます。まずは**不動産屋さんに相談**してみましょう。管理を代行してくれたり、専門業者を紹介してくれたりするはずです。

Q
家は一度貸したら、返って来ないと聞きますが。

やっぱりあの家は誰かに借りてもろたほうが、ええんちゃう？
家計の足しにもなるやろ？

そうやけど、吾郎が帰ってくるかもわからんよ。
いまは東京やけど、いつか関西支社になるかもしれんて言うてたやん。
ほしたらあの家に住んだらちょうどええやろ？

いっぺん人に貸したら、大家から出ていってくれとは言えへんらしいやんか。借家にしてしもたら、好きなときに使えへんやろ。

A

大丈夫、期間を決めて貸すこともできます。

フドウさん

一度人に貸すと、いざ自分が使いたい、あるいは親族に使わせたいというときに**明け渡してもらう手段がない**……こんな不安を覚える方は多いようですね。たしかに昔からあり、今でも一般的な形式の賃貸借契約では、法律で定められた一定の理由にあてはまらないと大家さんからの解約ができませんでした。

しかし平成12年から施行されている**定期借家契約**（→Ｐ40）という方法で賃貸借契約を結べば、**あらかじめ賃貸借の期間を決める**ことができます。

大家さんにとっては、**短期のお試し期間のようにも使える**契約です。また住んでもらって特にトラブルがなく、別の借り手を探すのが手間ならば、期限が終わった後に**再契約することも可能**な方法です。詳しくは不動産屋さんなどの専門家に相談してみてください。

Q

いっそ更地にしたら、いいのでは？

いっそ家を潰して更地にしたらどうやろ。管理が楽になるで。

ほな、駐車場にしよ。お金も入って一石二鳥や。

あんな路地奥にクルマが入るかいな。

A

建物がないと、税金が高くなるんです。

フドウさん

空き家を放置するのが問題なら、いっそ取り壊せば管理の手間も省けて都合がいい……はたしてそうなのでしょうか。ここで関わってくるのが**税金**です。

居住用建物が建っている土地の固定資産税の課税標準は、200㎡以下の部分は1／6に、200㎡を超える部分は1／3に減免されます。住宅がなくなれば、建物を管理する手間も、建物にかかる固定資産税もなくなりますが、一方で**土地にかかる固定資産税が6倍くらいまで上がる**ケースがあるのです。

壊さずに運用したほうが得になる場合もあるので、まずは**今ある建物をどう利用できるか**を模索した方がよいかもしれません。

コラム

賃貸借契約の期間を定められる定期借家契約

芝本太
不動産業（丸吉住宅勤務）。宅地建物取引士。

２０００年３月１日に施行された定期借家契約を利用すると、空き家を有効に活用できます。建て替え計画のある建物なら、建て替えまでの短期間でも入居者を募集できます。転勤時の自宅、将来子供または孫が使えるよう空けてある家の活用にも有効です。

以下に、定期借家契約を結ぶ際の大まかな流れと注意点を紹介します。

①契約方法は１．書面（公正証書等）による契約に限ります。２．契約書とは別に「更新がなく、期間の満了により賃貸借は終了します」という内容の書面「定期賃貸住宅契約についての説明」を交付し説明しなければなりません。

②期間の満了により終了し、更新はありません。但し、貸主・借主は協議の上、新たな賃貸借契約（再契約）ができます。（参考：普通借家契約では原則として「正当な事由」がない限り更新されます）

③契約期間の上限は制限がなく、１年未満の契約も有効です。（参考：普通借家契約では１年未満の契約は期間の定めのない契約とみなされます）

④定期借家契約の借主からの中途解約は、居住用の床面積200㎡未満の建物で、「やむを得ない事情」により可能です。但し、居住用の床面積200㎡以上の建物でも中途解約に関するが特約があればその定めに従うとします。

⑤従来の居住用の普通借家契約を合意解約して定期借家契約に切り替えることはできません。（但し、２０００年３月１日以後に契約した居住用の普通借家契約は双方合意による定期借家契約への切り替えが可能です）

3章

活用のノウハウ

ボロボロの空き家、どこをどう直すべきなのでしょうか。家を直すときのポイントや、利用できる補助金制度、そしてさまざまな改修方法で空き家を再生させた6つの事例から、古い家の活用ノウハウを紹介します。

Q 道路に面していないので、建て替えられません。

あの家、路地奥やから、いっぺん潰したら新しい家建てられへんのちゃう。

えぇーっ、建て替えできひんの？ 潰れたら更地でほっとくしかあらへんの？

そやし、潰さんと残しとくしかないんちゃう。

建て替えられへん家なんて、売ろうとしても買い手がつかへんのちゃう？

A

建て替えられないからこそ、改修です。

ケンさん

路地奥の家は、**多くの場合は建て替えられません**。現在の法律では、幅4メートル以上の道路に2メートル以上接していない土地には、原則として建物の新築や再築はできないと決められているからです。いわゆる**「再建築不可」**の物件です。

しかし、そもそも「再建築不可」の土地や建物の難点とは、売却の際に、そうでないものに比べて資産価値が下がることです。解体せずに改修し、貸家などとして**市場に流通させる分には、あまり不利はありません**。

最近は、再建築不可の物件を建て替えられるようにして空き家問題を解決し防災を促進するため、幅4メートル以下の細い道路も条件つきで道路として認める制度も生まれています。

Q 建物を改修するのにローンを借りられますか？

家直すにしても、お金かかるやろ。銀行さんでローンて組んでもらえるんやろうか。

建て替えやったら借りられるんやろうけどなあ。

リフォームのためのローンなんか、聞いたことないわ。

こんなぼろ家のためにお金貸してくれはる銀行なんかあるやろか。

A

リフォームローン制度のある銀行も増えています。

フドウさん

しばらく前までは家の改修でローンを組むのは、かなり大変でした。しかし最近は**中古住宅のリフォームやリノベーションの需要**を受け、ほとんどの**民間金融機関がリフォームローン**を扱っています。

多くの場合は上限が数百万円の、借りられる金額が小さい無担保ローンですが、より多くの金額を借り入れられて金利が低く、ローンの設定期間も長い**有担保のリフォームローンも、担保価値や資産状況次第で組むことが可能**です。

たとえば京都の場合、金融機関によっては、条件を満たせば通常の新築住宅向けのローンよりも低い金利で組むことができる京町家専用の住宅ローン制度もあります。

Q
耐震改修って必要なの？

この家もたいがい古なったな。地震の対策せなあかんのちゃう。

地震で潰れたらそれまでや。家の寿命や思うてあきらめるわ。

父さんも潰されるんやで。

……。それがわしの寿命やいうこっちゃ、潔う受け入れるわ。

そんな不吉な家、継がされた俺らが困るやんか。

A

まずは耐震診断を受けてみては。

ケンさん

古い建物は、巨大な地震を想定せずに建てられているものが多いのです。特に耐震基準が変わった**昭和56年以前に建てられた住宅は、耐震性が低い**可能性が高いです。

古い住宅の密集地や路地の連なる住宅地では、**地震で倒壊した家屋が道をふさいでしまい、人が逃げ遅れたり救助がおくれたりする**おそれがあります。阪神・淡路大震災ではこれが原因で多くの人が犠牲になりました。倒壊可能性のある建物を耐震改修せずに放っておくのは危険です。

京都市など行政機関の多くには、耐震診断や耐震改修の費用を一部**補助する制度**があります。まずはこれらの制度を活用してみてはいかがでしょうか。また建築士の中には、建物の健全性や耐震対策のアドバイスを行える専門家もいますので、相談してみてはいかがでしょう。

Q
耐震改修、何をすればいい？

耐震工事って、土台から直したりするんやろ。

松原さんとこは鉄骨の柱いくつも入れはったらしいで。

家を直す前に荷物の片付けからせなあかんやん。えらい手間やなあ。

A

屋根を軽くしてみてはどうでしょう。

ケンさん

耐震改修というと、土台から直さないといけない、柱を取り替えるような大工事が必要だと思われがちです。でも実は**最も手っ取り早いのが、屋根の葺き替え**なんです。

阪神・淡路大震災では、重い瓦屋根が多くの家屋の倒壊原因となりました。古い家は屋根が重い場合が多いので、**軽いものに替えるだけで耐震性能がグッと上がる**ケースがあります。

もし雨漏りなどの悩みを抱えているなら、**耐震改修の補助金を屋根の改修に適用しながら同時に雨漏り対策もできて、一石二鳥**です。

Q

空き家を活用するには、お金がかかるんでしょう？

いろいろ直そうとすると、高《たこ》つきそうやね。

結局そこやわ。そのための支度なんかなんもしてへんで。

お金かけんと直せて、貸せたらええねんけどなあ。

そんな虫のええ話あるかいな。

A

スガタニさん

かけない方法もあります！

活用にも**いろんなやり方**があります。

初期投資を少なく済ませるなら、たとえばこんな方法はいかがでしょう。**家を借り主の資金で改修してもらう**契約として、**まったく手をかけないままの状態で格安で家を貸す**のです。その借り主の退去後は、改修がなされ設備のそろった住宅として家賃設定を上げて、再度流通させることができます。

次ページ以降では、セルフビルドで初期投資を抑えた事例や、借り主に改修を委ねることで大家の負担を抑えられた事例、ボロボロの空き家に可能性を感じた家主が改修に力を注ぎ、見違えるように変身した事例など、**6つの活用事例を紹介**しましょう。

空き家活用の実例　No.1

傷んだ空き家を、借り手主導で改修。

10年以上空き家だった建物を再生。正面はガラス張りで、夜間も楽しめるギャラリーに。

六原の、車通りの多い大和大路通り沿いに古びた町家が建っていた。六原まちづくり委員会が調査をしたところ、所有者は他府県にお住まいとのこと。相続で建物を引き継いだ時、空き家になって既に10年以上が経ち、庭の植物も伸び放題、床が抜け、中に入るには少し勇気がいるような状況だった。今さら人に貸そうにも改修費だけで何千万もかかるとわかり、動けずにいた。このような、傷みの多い家の改修費を所有者が捻出できず、放置してしまうケースは、空き家を生み出す大きな原因のひとつとなっている。

一方、素人ながら壁や床を直す技術を持ち、普通とはひと味違う住まいを好む人もいる。借り手自らが改修し、代わりに安く賃貸することは、所有者と借り手の双方に利点があると言えるだろう。市内の芸術家

改修中

上／改修の様子。下／ある日の改修工事参加者。改修には芸術家や専門家をはじめとする100人以上がボランティアとして協力した。

上／改装後の事務所。HAPSは、京都市の委託を受け、若い芸術家等を支援する団体として2012年に設立。芸術家と空き家の大家さんをつなげる空き家マッチング事業も手がける。下／週末などに行われている勉強会の様子。老若男女、世代や地域を超えて様々な人々が集う。

等を支援する団体「東山 アーティスツ・プレイスメント・サービス（HAPS）」はこの双方のメリットを実証すべく、芸術家や100人以上にも及ぶボランティアとともに、地元の大工さんから改修技術の伝授を受けながら建物を改修した。プロと初心者が共同できるよう、建築を研究しているグループRADが設計や、スケジュールの組み立てを工夫した。当初、設計事務所に見積もりを依頼した際は2000万円近くの予算が必要と言われたが、工夫あふれる改修方法と多くの人の協力を得て費用を1／4以下に抑えた。

現在は、HAPSが事務所として使用し、芸術家等の相談窓口を開設しているほか、展覧会や勉強会、トークイベントなども開催。地域に開かれた集いの場として活用している。

文責：HAPS　芦立さやか

空き家活用の実例　No.2

祖父から継いだ空き家を、住人自ら工事。

★改修費：約300万円（現住人が負担）

左／改修後のすっきりとした土間。右／改修後外観。廃材を格子状に並べ外観を整えた。

祖父が残した築100年の京町家を、電動ノコギリすら握ったことのなかったご主人がDIYでの改修に挑んだ事例。ご主人はこの町家に住むことを決意し、幼なじみの建築家に「資金は無いが、祖父が残した町家に家族で住みたい」と相談した。建築家からは「お金が無いなら、自分でなんとかすれば良い」との回答。建築家のアドバイスを受けながら、住み手が自分でできることをすべてやるという方針が打ち出された。

まずは掃除から。当初は「汚れた壁を白く塗り直す」程度の改修を考えていたが、ご主人自ら1ヶ月かけて清掃作業を進めるなかで「家族で暮らすには傾いた家では不安。構造の補強もしたい」と考えるようなったという。必要な物の選別と建物内の不要部分の解体に2ヶ月要した。解体作業で発生した金属等はスク

改修中

ご主人自らが不要な部分を解体、掃除した上で、床に新しいコンクリートを設置。

改修後の1階内部。新たな構造フレームを入れる際には応援が必要だったが、天井の布はご主人が設置。工事等のアドバイスを行ったのは建築家の垣内光司さん。撮影：垣内光司

ラップ業者に持ち込んで換金。改修資金にあてる徹底ぶりだ。

しかし、その規模になるとすべての工事をひとりでこなすのは非現実的だった。そこで、掃除と廃材の片付けを終えた段階で工務店と構造家を招き、自力改修への理解と協力を求めた。その並々ならぬ熱意が伝わり、工務店からは他の工事現場で発生した廃材の無償提供、道具の使い方のレクチャー、ひとりでの作業が困難な場面での人的支援、そして構造設計家からは改修方法の提案などの協力を得ることができた。

完成まで約8ヶ月。ご主人の努力と専門家の手助けで、晴れて完成の日を迎えた。このご主人、今では自宅の改修で得られたDIYスキルを、他のDIY改修現場や東北の被災地においても活用している。

文責：中田哲建築設計事務所　中田哲

最小限の準備で、空き家を居住用の賃貸物件に。

★改修費：貸主／設備点検（欠陥部がなかったため改修なし）、借主／DIY（約２万円）

左／元の雰囲気を生かした土間と階段。右／住みながら改修していた頃の外観と林さん。

アーティストの林泰彦さん（パラモデル）が住居兼制作スタジオとなる広い物件を求めて六原に来たのは２０１３年10月。六原まちづくり委員会と連携して空き家とアーティストをつなぐＨＡＰＳ（→Ｐ52、53）の紹介で現在の建物に移り住んだ。長らく倉庫として貸し出されていたため、通常の居住用に戻すには、畳の表替えや壁の補修など、手を入れるべき箇所が随所にみられた。

林さんは多少の大工仕事ができ、内装の傷みなどは自分で直せるため、大家さんには事前にきれいに直す必要がないことを進言した。ただし雨漏り箇所の有無、水道管やガス管の点検など、住まいとして使用する上での基本的な準備は、大家さんに依頼した。畳については、当初から和室を板間に替えたいと考えていたため、あらかじめ新調を断った。多少

改修前

上／建物の奥は波板などで増築されているが、ここを改修するのは大仕事。やむを得ずそのままに。下／天井に雨漏りの形跡も。入居前に大家さんに点検してもらった。

上／改修後1階。下／同2階。往時の趣が残る町家。畳の傷んだ床は、作品制作で使った合板を転用しDIYで板張りにした。壁は不要なベニヤを取り除いて漆喰で補修。襖も外して広々としたスタジオ空間に。

建物が傷んでいる方が自分好みに改装できたり、制作中に汚しても気にならなかったりと、借り手にとって都合がよいこともある。自分で改修する代わりに家賃は倉庫として貸していた時と同じ、少し安めの金額に設定してもらった。

　物件選びの決め手は元の町家のかわいらしさだった。林さんはその魅力を隠すかのような昭和後期に施された壁のベニヤ板が気に入らず、当時の造作を剥がして漆喰を塗ったりもしている。いずれ退去する賃貸物件ゆえ、あまり改修費をかけられない。だが凝り性の性格から内心では建物を元の姿に戻すべく、さらに改装を進めたいとも考えている。建物を大事にする入居者を見つけることで、物件の価値が知らぬ間に上がる可能性を示唆する事例だ。

文責：HAPS　垪《はが》美智子

空き家活用の実例　No.4

購入した空き家を大工棟梁に頼んで本格改修。

★改修費：約50万円／坪

改修後の内観。再生した和室から、洋風に設えたダイニングを見る。

「最初に物件を見たとき、妻と母は大反対でした」と語るのは、中京区の路地奥で30年以上空き家となっていた物件を購入したご主人。建物は築80年。しかも、幅2メートル未満の路地奥にあるため、一度解体してしまうと再建できない。いわゆる「再建築不可」の物件だ。そのため、直前の所有者は建物を倉庫として利用していたという。しかし、実際には空き家状態で長期間放置されていたため、建物の荒廃と老朽化はかなり進んでいた。ご主人はこの物件を購入し、建物を全面的に改修、そして自宅として使用することを思い描いていた。だが妻と母の同意を得るのは簡単ではなかった。

そこでご主人は京町家の改修を得意とする棟梁に建物の評価を依頼した。長年空き家になっていたため、汚れこそ目立ったものの、幸いにも

改修前

物件購入前に倉庫として使用されていた状態。物が散乱し、汚れこそあるが、幸いにも建物自体のコンディションは良かったとのこと。
撮影：生川慶一郎

全面改修が完了した状態の住まい。建物が本来の佇まいを取り戻している。
撮影：岡田大次郎

建物の骨格は良好な状態にあることが判明。棟梁の意見が後押しとなり、ご主人は家族の同意の下、この物件を購入することができた。

建物の改修にあたっては京都市の助成制度を利用して耐震改修を施すなど、家族が安心して築80年の建物に住み続けられるよう熟慮したという。耐震改修を含めた改装費用は、建物のコンディションが良かったこともあり坪あたり50万円台。一般的なハウスメーカーの新築単価よりも安い。建物を解体・再建するよりははるかにリーズナブルな価格で住まいを手に入れることができた。そして京の町中に残る風情豊かなライフスタイルを後世へと受け継ぐことに成功した、魅力的な空き家活用事例といえるだろう。

文責：寺川徹建築研究所　寺川徹

空き家活用の実例　No.5

空き家歴15年。実働3時間の片付けで活用へ。

★改修費：約145万円（京都市の補助金90万円、家賃前払いの借主負担55万円）

左／改修後1階。吹き抜けの設置で明るくなった。右／改修後2階。

15年前まで一家の住まいとして使われていたこの建物。所有者が年老いた父親との二世帯同居を決めたことがきっかけで2000年に空き家となった。以来、この空き家の所有者は機会を見つけては家財道具の片付けにいそしんだが一人で片付けることの限界を感じ、直近5年ほどは放置状態だった。

この空き家を活用するきっかけは六原の地域住民が手がける「空き家の片付け支援プロジェクト」だった。空き家の解消を条件に片付けを支援するという取り組みだ。片付け支援プロジェクト当日は地域の消防団員をはじめとする18人が集まり、実働3時間で片付けを終えた。

次に問題となったのが、この建物に風呂がなかったことだった。土地・建物を売却する意向はなく、借家として貸すことを考えていた所有者だ

片付け→改修のプロセス

上／改修中の風景。下／左より大工、設計者、入居者、所有者、コーディネーター、地域の代表者。

中／18人、3時間で片付けが終了した。
下／種類別に不要品をまとめた。

が、風呂を作るリフォーム資金を捻出するのは難しい状況。そこで検討されたのが、まず安心して家を貸せる入居者を探し、家賃の前払いという形で入居者にリフォーム資金の負担をお願いする手法だった。

当初、「自分が購入する物件なら考えるが借りる物件での費用負担は考えられない」と話していた現在の入居者には家賃前払いと引き換えに、どのようにリフォームするかについての裁量が与えられた。リフォームにあたっては1階の天井を高くするとともに、2階床の一部を取りはらい、1階から続く吹き抜けを設けることで明るく開放的な空間が確保された。空き家が放置されていた要因を地域住民の協力のもと取り除き、従来の手法にとらわれない新しいアプローチで入居者探しとリフォームを行った空き家流通事例といえる。

文責：寺川徹建築研究所　寺川徹

空き家活用の実例　No.6

路地奥の空き家を、店舗兼住宅として再生。

★改修費：約1000万円（所有者が負担）

改修後の居間。奥は店舗用の空間で、上部にロフトが加えられている。撮影：沼田俊之

祖母が数年前まで生活していたこの土地と建物を何とか活かしたいと考えた所有者。戦中に道路拡張疎開のために建てられた建物は、雨漏りもあり部材の傷みが激しく、当初は建て替えることも検討された。路地奥にあり、再建築不可の地域だったため、既存の建物を活かし、店舗兼用住宅として建物を再生させることとなった。

家財の片付けはすでに家族で行っていたため「空き家の片付け支援プロジェクト」（→P60）はすでに選別された不要物を処分する役割を担当した。整理収納アドバイザーの指導のもと分別し、販売できそうな物は地域のバザーに出品、不要な大型家具はその場で解体し行政のクリーンセンターへ運搬処分した。10人が集まり、実働3時間で片付けを終えた。

建物を改修する上で問題となった

片付け中

有志10名による片付けの風景。路地奥で再建築不可だったため、改修し活用することにした。

上／改修前。下／改修後の店舗用空間。既存の間取りや建具を極力活かしつつ、古建具を使用して空間になじませた。

のが床面積の少なさである。もともとそれ程大きな建物ではなかったので店舗兼用住宅とするには床面積が足りない。そこで店舗部分の上部にロフトを計画して寝室や収納として利用することとした。改修前は日中でも照明が必要なほど暗かった居間は新たに窓を増やして日照を得ると共に通風を確保して快適な生活が出来るように配慮。その他にも耐力壁を増設、床下をコンクリートの土間として柱脚を固定、さらに屋根を瓦から鋼板に交換して建物重量を軽減して耐震性能を向上させた。

内部は既存の建具を再利用すると共に、葦戸や雪見障子を古建具屋から購入して使用、お互いの建具が調和するように計画したことで、改修前の雰囲気を尊重しつつも新しい空間となった。

文責：中田哲建築設計事務所　中田哲

空き家対策特別措置法の制定について

杉崎和久［**法政大学 教授**］
まちづくりコーディネーター、ファシリテーターとして各地を支援。

空き家問題は、全国的な課題として認識され、2014年11月に「空き家等対策に関する特別措置法」が成立、2015年5月に完全施行されました。

この法律では、保安上や衛生上等の観点から問題のある空き家を「特定空き家」とし、自治体がその所有者に対して除却や修繕などの対応を助言・指導し、改善されない場合には、勧告、さらに命令をすることができるようになっています。

もし命令に従わない場合には、過料（50万円以下）を科され、さらに行政が代わりに措置を行うこと（行政代執行）ができます。加えて、助言・指導を受けても、改善されず、勧告を受けた場合には、住宅のある敷地を対象とした固定資産税を軽減する措置（最大で1／6）の対象外になります。

このように法律では、「問題のある空き家」への対策が中心となっています。とはいえ重要なのは、空き家を「問題のある空き家」にさせないことです。

ただし多くの自治体の空き家条例は、「問題のある空き家」に対する対策となっています。

これに対して、例えば京都市の場合、法律に先んじて2013年12月に「京都市空き家の活用、適正管理等に関する条例」を制定しました。そこでは、「(空き家を)まちづくりの活動拠点その他地域コミュニティの活性化に資するものとして活用する取組を行うものに対し、必要な支援その他の措置を講じるもの」と位置付け、地域における空き家の活用を重視している点が特徴です。空き家活用のための修繕等に対して市からの支援もなされており、これが「問題となる空き家」を発生させないことにも寄与しています。

4章

今日から始める
空き家相続

空き家と相続、実はこの二者には密接な関係がありますす。遺産は相続人の間で分割がなされますが、不動産は分割がしにくいもの。相続関係をクリアにしておかないと、相続後の活用がしにくくなるからです。

Q

空き家と相続ってどう関係があるの？

お父さんもお母さんも死んだら、長女のわたしがこの家をもらうやんか。

いや俺やろ。この家はお前にやるって父さん正月に言うてたで。

酔っぱらってただけや、わたしにも同じこと言うたわ。

お義姉さんはマンション持ってるじゃないですか。

ユキちゃんは相続に関係ないやん、口挟まんといて。
ほな共有名義にして、貸家にしよ。家賃は半分ずつでええやろ。

共有名義なんてじゃまくさいわ。それに俺んとこは跡取り息子もいるねんで。

こら、俺まだ生きてるで。何の話してんねん。

A

マチコ先生

多くの空き家が、相続が原因で生まれます。

空き家と相続ってどう関係があるの？　と疑問に感じる方は多いかもしれません。実は相続で揉める、相続の結果として多人数の共有になり名義が複雑になる、相続から年月が経って持ち主の連絡先がわからない、といった**相続にまつわる理由から、放置されてしまった空き家も多い**のです。

こうした空き家が生まれる事情はさまざまですが、元をたどれば**生前に家を誰に譲るか明確にしないまま所有者が亡くなってしまった**ことが要因。

そうならないためにも不動産については、**早い段階で相続した後のことを考えるのが重要**です。

Q

うちには財産なんて、ありません。

そやけど実際、嫁さんの実家、不動産の相続で厄介そうやで。

そらユキちゃんとこ、山も持ったはるもんなあ。

うちも考えといたほうがええんちゃうか。

そやけど、うちの財産なんて大したもんやないしなあ。

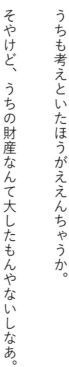

A

マチコ先生

そう思っている人ほど、備えが大切です。

財産はない、と思っている方ほど相続で苦労をされがちです。

資産を意識されている方は生前から準備されます。でも、そうでない方は**生前贈与や遺言書の用意などをされないまま亡くなってしまったり**、生きているうちは子孫みんなにいい顔をしたいと遺産の譲渡について**つじつまがあわない口約束**をしていたりして、あとから遺産分割で揉めるケースが多いのです。

相続については生前から準備をするのが一番ですが、子どもからは切り出しにくいことなので、**ぜひ親御さんから備えを**はじめてください。

Q 不動産を相続しました。

ユキちゃんのとこ、なんや大変みたいやな。

誰のものかよくわからない土地が出てきたんです。祖父が昔買ったみたいなんですけど、登記をしていなくて、前の持ち主らしき人も亡くなっていて、誰も事情がわからなくて……。

弁護士さんに頼んだはるんやろ、どうにかしてもらえへんの？

それが父が亡くなってから、母はめっきりふさぎこんでしまったし、姉はイギリスに住んでるし、亡くなった兄の奥さんは入院中だし、甥たちはまだ中学生だし、父の先妻の子には連絡さえ取れないし……家族の話し合いも進まないんです。

A

フドウさん

実は不動産の相続はこんなに大変です。

不動産は現金などの動産に比べ、分割しにくいものです。しかし生前に家を誰に譲るか明確にしないまま所有者が亡くなってしまうと、多くの人は話し合いがうまく行かないといった理由で、法律で定められた割合のとおりに**権利を分割し、共有名義に**してしまうのです。

するとその子どもの代、孫の代へと、**時間が経つほど権利がどんどん複雑に。**気づいたら名義人が100人以上、などという不動産もあるそうです。不動産の売却や名義変更には**共有者全員の同意が必要。**共有者が増えるほど処分がしにくくなります。

そうならないためにも不動産の相続には、元の所有者の生前からの備えが大切です。対策については、P76のコラムもご参考に。

Q 相続の準備、何をしたらいいですか？

相続って大変なんやなあ。

遺言書があったら、ユキちゃんとこ、揉めたりせえへんかったのになあ。

うちらも元気なうちに準備しといたほうがええやろか。

そういうてもなあ、死んだ後のことなんか今から考えたないわ。

A

スガタニさん

遺言書はとても有効です。

家の相続のトラブルを防ぐために、遺言書を書いておきましょう。

遺言書がない場合、遺産は「**法定相続**」という方法で相続されることがあります。これは相続の権利をもつ遺族の間で、法律で定められた取り分どおりに遺産を分け合う相続の仕方です。この場合、土地や建物は**共有名義**になります。すると**活用や売却がしにくくなり、扱いに困った結果として空き家になってしまう**のです。

でも**遺言書を残し、誰に何を譲るかを決めておけば、相続の不要なトラブルを防ぐ**ことができます。遺言書の内容は法定相続より優先されるからです。また相続税より割高な贈与税がかかりますが、あらかじめ配偶者や子どもに不動産を生前贈与しておくのも有効です。

Q 相続のこと、誰に相談すればいいのでしょうか。

遺言書いうても、どうしたらええんやろ。

そもそも子どもが用意するもんちゃうしなあ。

あんたの同級生の弥栄《やさか》くん、役所に勤めたはったやん。
そういうのん詳しいんちゃう？

あいつ土木課やで。それに近所のやつには相談しにくいわ。

A

専門家に相談しましょう。

スガタニさん

相続は、すべてケースバイケース。ややこしいのは、**すべての局面に万能なひとりの専門家がいない**ことと言えるかもしれません。税理士、弁護士や裁判所、司法書士、行政書士、公証人……と、**関わる専門家は多岐に**渡ります。

トラブルを防ぐためには専門家に相談したほうが無難です。ただし、相続税が発生しないケースや相続人同士の協議が円満に整うようなケースなど、ややこしい問題が発生しない場合は**ご自身で相続手続きを完結させることも可能**です。もしご自身での手続きが不安な場合は、お知り合いの専門家に相談するか、公共など信頼できる団体の主催する**相続相談会**に出向くのも良いでしょう。初回無料の相談会も各地で多く開催されているようです。

コラム

不動産登記名義の放置がもたらす悪循環と対策

本多智一［本多行政書士事務所］
行政書士。京都府行政書士会空き家対策プロジェクトリーダー。

不動産の登記名義が故人の名前のままになっているというのは、よくある話です。何十年前から世代をまたいで放置されていた、というケースも珍しくありません。

登記名義が故人のままである場合、不動産は名義人の相続人たちが全員で共有している状態となります。故人名義のままでは不動産の売却はできないため、放置状態が続き、さらに相続が発生して共有者が増えていく悪循環を生んでしまうこともあります。

遺言書を用意することで、複数の相続人のうち誰が不動産の所有者となるかを生前に指定することができますが、必ずしも広く遺言書作成が行われているとは言い難く、相続発生後に遺産分割協議書を作成することが、相続人が複数いる場合に共有関係を解消し特定人所有とする一般的な方法です。

遺産分割協議書作成には、全ての相続人の署名と実印押印、故人の出生から死亡までの戸籍が必要となってきます。長い期間登記名義が放置されていた場合などで相続が二重三重に発生していると、相続人の人数も相当多くにのぼり亡くなった方も複数存在すること で相続人の所在が全国あるいは海外に散らばってしまい、遺産分割協議書の作成や登記名義の変更にかなりの手間や費用が発生してしまいます。一世代放置すると、必要となる費用が3倍程度になるのが実務上の大まかな感覚です。

登記名義を放置せずに遺産分割協議書を作成することが、後の問題を防ぎ、なおかつ手間や費用を抑える方法ともなるのです。既に故人名義で放置しているならば、早めの対応が望ましいでしょう。

5章

片付けが、空き家防止の第一歩

放置された家財道具の存在は、空き家の活用を妨げる要因になりがちです。将来の空き家を生まないためにも、所有者が健在なうちから家を片付けておきましょう。本章では片付けのポイントや、現代の住宅事情では扱いが難しい仏壇の整理の仕方を紹介します。

Q 将来、空き家を相続するかと思うと憂鬱です。

あの空き家、いずれ俺らが相続することになるやんか。でも俺は当分は東京勤務やし、将来あの家に住むかどうかわからへん。空き家のままになってしまうんちゃうやろか。

誰かに貸したらええやん。家賃も入るし。

そやけど、いつの誰のもんかわからん荷物がぎょうさんあるやんか。あれでは貸せへんやろ。

そうやなあ、不動産屋さんに見てもらうんも恥ずかしいしなあ。

A

まずは片付けから始めてみてはいかがでしょう。

スガタニさん

空き家が生まれてしまう大きな原因の一つが、家財道具です。かつて使っていた家具や持ち物がそのままになっていると、「散らかった家を人に見せたくない」という気持ちから、誰にも相談できず放置してしまいがち。**片付けを先延ばしにしているうちに、十数年も空き家になってしまった例も**あります。

将来空き家になってしまいそうな家は、まず片付けてみましょう。新しい活用の道が広がり、空き家化を防ぐことができます。片付けを単なる「過去の整理」と考えるのではなく、**人生にとって本当に必要なものや大切なものを整理する**「**未来への第一歩**」と考えてみてはどうでしょうか。考え方については、Ｐ86のコラムもご参考にどうぞ。

Q

片付けといっても、どこから手をつけていいかわかりません。

そやし、あの家、片付けてくれへんやろか。

そら要らんもんもあるけど、そのうち使うもんもあるしなあ。あんたらが生まれる前から苦楽を共にしたもんも混ざってるし、あれやこれや仕分けせなあかんと思うと気が遠なるわあ。

わしもここんとこ膝痛いし、荷物運んだりようせんで。

A

一人で抱えないで、誰かの手を借りましょう。

セイコさん

片付け方がわからない、体力的にきつい、愛着のある品物を整理するのは気がすすまない……。こうした理由で一人ではなかなか進まない片付けも、**中立的な立場の第三者の手を借りると一気にはかどる**ことがあります。

片付けでお悩みであれば、まず整理収納アドバイザーに相談してみてはどうでしょうか。整理収納アドバイザーはいわば片付けのプロ。収納テクニックの指導のみならず、**何を残し、何を処分すべきかという仕分けの方法、ひいては気持ちの整理のアドバイス**まで、幅広く柔軟なケアが可能です。

Q

物を大量に処分したい時、どうするべき？

清水さんとこのおばあさん、去年亡くならはったやろ。おばあさんが一人で住んだはった家を息子が片付けよう思うて、その辺走ってた無料の不用品回収のトラック呼び止めて、頼まはってんて。

このごろ「無料で回収します」っていうチラシ、ようポストに入ってるしなあ。

そしたらな、「回収は無料ですが運搬費がかかります」とか何とか言われはって、あれよあれよで30万円請求されはったらしいで。それも、家の中のもん全部荷台に積んでから言われはってんて。

いや怖っ。ほなどこに頼んだらええの。

A

まず行政サービスを利用することを考えましょう。

セイコさん

ごみの収集・運搬・処分は原則として市区町村の仕事ですから、まずは**行政サービスを最大限に利用**しましょう。市区町村が各家庭に配布している「ごみの捨て方」マニュアルを隅々まで読んでみてください。ほとんどの小型家電や粗大ごみは回収してもらえますし、多くの市区町村ではごみを自分で処理施設に持ち込むことができます。

不用品を指定の場所まで運ぶのが難しいといった場合も、トラブルが起こりがちな民間の不用品回収業者に頼る前に、市区町村に相談してみてください。

再利用できるものは、買い取りをリサイクル業者に依頼することもできます。思わぬ値段がつくこともあって便利ですが、トラブル防止のために、家族や信頼できる知人の立ち会いのもとで進めるとよいでしょう。

Q

仏壇があるので、家を貸したり売ったりできません。

他のもん全部片付けたとして、仏壇どうすんの。
さすがに処分できひんやろ。

知らん人の仏壇が置いてある家なんて、借り手がつかへんやん。

こっちの家に持って来たらええのんとちがう？

あんなでかい仏壇、こんな小っちゃい家のどこに置くつもりや。

A

仏壇は、お寺に預けることも可能です。

オショウさん

住宅事情や後継者の不在といった事情から、仏壇を引き取ってお世話をつづけるのが難しいという家庭も増えています。

そのような場合、**仏壇を菩提寺に預けることも可能**です。私の寺でも、本堂でいくつかの仏壇や位牌を預かり、お世話をしています。また、2つの仏壇を1つにまとめたいというご相談もいただきます。うちの宗派の場合、お釈迦様は等しくすべてを救うという考え方なので、2つの家を1つの仏壇に入れることもしています。不要となった仏壇は、お性根を抜き、お焚き上げをします。こうした**対応の方法は、お寺や宗派により異なりますので、菩提寺にご相談**ください。

コラム

空き家予防に役立つ片付けの心得

上坂薫
［一般社団法人モノコミュ研究所］
整理収納アドバイザー。

いざ空き家になると、あふれる家財道具を片付けられず活用が進まないないことも多いようです。ここでは多種多様な家財道具であふれる空き家の、片付けのポイントを紹介しましょう。

まずは判断のつきやすい布団・小型家電などから処分を始めると大きく片付けが進みます。次に衣類・食器・お鍋などをアイテムごとに分別して処分していきます。分別に迷うモノ、書類など時間のかかるモノ、アルバムなど思い出の品は後回しにします。

処分するモノの分別は、地域のルールに従いましょう。不要なモノもきちんと分別するとそれらは資源として活用されます。また活かせるものはリユース・リサイクルして気持よくモノが手放せる手段を見つけましょう。

片付けは、新聞やテレビでもよく話題になる「終活」のひとつとして気力・体力・判断力のあるうちにすすめる事がポイントです。

家族が手伝う際は持ち主の想いを尊重することが大事です。よく問題となるのは、愛着のある品を家族が無理に捨てさせようとするケース。そんな時は一方的に否定せず、なぜ大事なのか、思い出話を聞きましょう。モノに込められたいろいろな想いを知ることができます。そして家族に聞いてもらったことで気持ちの整理がつき、モノを手放せることも多いのです。

モノを減らすことは、もったいないということではありません。手に負えない量のモノに日々振り回されるより、整理をすすめて快適に暮らし、空き家となった時も次へのステップへスムーズにすすめるようにしましょう。

おわりに

２０１４年３月に発行した私家版『空き家の手帖』は全国的に空き家についての取り組みがクローズアップされた時期とも重なり、各方面から大きな反響をいただきました。刊行をきっかけに、六原での空き家活用とまちづくりにも注目をいただき、各種メディアでの紹介や、全国への出張講演依頼、全国からの視察対応依頼を受けることも増えました。京都の一地域での取り組みや、そこから生まれた冊子の内容が、全国の空き家対策の参考になるという、大きな手応えを得ることができました。そして２年半の間にいただいたさまざまな反響が、このたびの学芸出版社からの刊行へと結びつきました。

刊行までには、たくさんの方々のご協力をいただきました。私家版『空き家の手帖』は東山区まちづくり支援事業の助成と、東山アーティスツ・プレイスメント・サービス（ＨＡＰＳ）および京都市景観・まちづくりセンターの協力を受けて刊行されました。この場を借りて改めて御礼申し上げます。そして本書刊行の機会と的確なご助言をくださった学芸出版社の井口夏実さん、日頃から六原まちづくり委員会の活動を支えてくれている六原自治連合会の皆様に、心より感謝申し上げます。

２０１６年９月　　六原まちづくり委員会　委員長　菅谷幸弘

六原まちづくり委員会　空き家に関する活動記録（2014年以降）

学区内　空き家予防啓発活動

◎住民向けの空き家問題啓発セミナー『住まいの応援談』

2014年3月19日	第1部　六原学区の防災まちづくりに関する大学院生発表
	第2部　空き家の手帖完成記念発表披露会
	第3部　京都市の空き家条例の解説
2014年7月10日	第1部　六原学区・防災まちづくりの取り組みと京都市の助成制度
	第2部　東山 アーティスツ・プレイスメント・サービス（HAPS）の取り組み紹介
2014年11月11日	安心して住みつづけるための収納術と心の整理
2015年2月26日	朝日新聞記者・大峯伸之氏による六原学区の空き家連載取材報告会
2015年11月8日	今年の師走は焦らない！～今すぐ帰ってできるキッチン快適整理収納術
2016年2月24日	第1部　和尚さんによる仏壇のたたみ方セミナー
	第2部　六原まちづくり委員会・空き家の取り組みの現状報告
2016年7月29日	熊本地震から学ぶ！ 防災まちづくりセミナー

◎ 片付けプロジェクト（空き家の流通に向けての片付け支援）

2014年7月27日	木造2階建空き家の片付け支援 T邸
2015年10月11日	木造1階建空き家の片付け支援 M邸
2015年11月8日	片付け支援M邸から出た不用品のフリーマーケット

◎ 六原フェスタ（地域の秋祭り）

2014年10月26日	空き家問題の啓発ブースを出展
2015年11月8日	空き家問題の啓発ブースを出展

◎ 出前講座（空き家問題の啓発講座）

2014年1月15日	10分講座@民生児童委員会主催のお年寄り体操教室
2014年2月12日	20分講座@六原自治連合会　町内会長会議
2014年3月25日	20分講座@六原自治連合会　少年補導委員会
2015年10月23日	30分講座@わいわいサロン
2015年11月8日	10分講座@六原フェスタ

◎ 空き家の実態・意向調査

2014 年度調査	町内会長による空き家のマーキングの後、登記情報をもとに所有者を特定 アンケート発送 46 件・回収率 15%
2015 年度調査	アンケート発送 63 件・回収率 32%

主な講演記録

2014 年 6 月 7 日	『京都×空き家×まちづくり』トークセッション「地域」担当 主催／京都市都市計画局まち再生・創造推進室 会場／ひと・まち交流館 京都 2 階大会議室
2014 年 8 月 24 日	『地域で考えよう！安全・安心な住まいづくりフォーラム』特別講演 主催／大阪市生野区役所 会場／生野区役所 6 階大会議室
2014 年 12 月 7 日	『地域をひらく：新しい人を受け入れる形』「地域」担当 主催／（公財）京都市景観・まちづくりセンター 会場／ひと・まち交流館 京都 2 階大会議室
2015 年 2 月 7 日	平成 26 年度全国まちづくり委員長会議 空き家の取り組みに関する講演 主催／（公社）日本建築士会連合会まちづくり委員会 会場／笹川記念会館 第 4、5 会議室
2015 年 6 月 7 日	平成 27 年度第 1 回研修セミナー 主催／大和・町家バンクネットワーク協議会 会場／今井まちなみ交流センター「華甍」
2015 年 10 月 30 日	第 58 回建築士会全国大会「石川大会」3 委員会交流セッション 主催／（公社）日本建築士会連合会 会場／石川県立音楽堂 2 階邦楽ホール
2015 年 11 月 27 日	青峰団地空き家予防セミナー第 3 回『空き家の活用方法とまちづくり』 主催／ NPO 法人グラウンドワーク福岡、青峰校区まちづくり振興会 会場／久留米市 青峰校区コミュニティセンター
2016 年 2 月 7 日	平成 27 年度まちづくり講座 『地域のチカラで空き家に向き合う―若手芸術家支援からお片付けまで』 主催／（公財）練馬区環境まちづくり公社 会場／練馬区立区民・産業プラザ Coconeri ホール西
2016 年 3 月 6 日	『みんなで考え、地域で取り組む「空き家」の管理・利活用』 ～地域の取り組み事例発表 主催／（一財）浜松まちづくり公社 会場／浜松市市民協働センター 2 階ギャラリー

メディア掲載（抜粋）

2014年　6月28日　　KBS京都ニュース　（京都放送）
2014年11月17日～2015年1月30日（全46回）
朝日新聞 近畿版夕刊連載「大峯伸之のまちダネ・空き家と闘う」
2015年　1月19日　　日本経済新聞朝刊「小中一貫、街づくりに一役」
2015年　1月19日　　関西情報ネットten（読売テレビ）
2015年10月20日　　京都新聞 朝刊市民版
「六原まちづくり委、都市計画家協会最優秀賞・住民主導の活動評価」
ほか多数

視察受け入れ

2015年度　6件　約120人
2016年度　3件　約45人　（8月時点）

視察旅行

2015年2月6日　　東京都墨田区向島地区、空き家対策と防災まちづくり
2015年2月7日　　東京都世田谷区太子堂地区　防災まちづくり
2015年2月8日　　長野市善光寺界隈　空き家対策
2015年11月21日　　奈良県橿原市今井町　空き家対策とゲストハウス運営
2015年11月29日　　福岡県八女市福島地区　空き家対策とまちおこし
2016年3月6日　　愛知県岡崎市松應寺界隈　空き家対策とまちおこし
2016年3月6日　　名古屋市円鈍寺商店街界隈　空き店舗対策とまちおこし
2016年3月12日　　広島県福山市鞆の浦地区　空き家の現状とまちおこし
2016年3月13日　　広島県尾道市　空き家対策とまちおこし

受賞

2014年10月23日　　日本建築士会連合会会長賞（最優秀賞）
主催／（公社）日本建築士会連合会
2015年10月4日　　日本まちづくり大賞＋優秀まちづくり賞
主催／認定NPO日本都市計画家協会

本書刊行までの経緯

『空き家の手帖』（私家版）

東山区まちづくり支援事業の助成を受け、2014年3月刊行。学区内の全戸に無償配布。

・制作会議

第1回　2013年8月29日

第2回　2013年9月30日

第3回　2013年10月9日

第4回　2013年10月30日

第5回　2013年12月11日

第6回　2013年12月25日　ワークショップ

第6回　2014年1月28日

第7回　2014年2月27日

・事例取材

第1回　2013年12月15日

第2回　2014年1月17日

第3回　2014年1月24日

『空き家の手帖』

学芸出版社より、2016年9月刊行。

・制作会議

第1回　2016年4月11日

第2回　2016年5月23日

第3回　2016年6月20日

第4回　2016年7月22日

製作者一覧

◎六原まちづくり委員会 空き家啓発冊子部会

菅谷幸弘、佐々木正子、大藪佳子、本多智一、寺川徹（京都府建築士会）

中田哲（京都府建築士会）、芝本太（丸吉住宅）、東貴之（京都府不動産コンサルティング協会）

◎東山 アーティスツ・プレイスメント・サービス（HAPS）

芦立さやか、埴美智子

◎京都女子大学 准教授　井上えり子

◎一般社団法人モノコミュ研究所　上坂薫

◎法政大学 教授　杉崎和久（元・京都市景観・まちづくりセンター）

◎ぽむ企画　平塚 桂、たかぎみ江

本書を刊行するにあたり、資料提供およびヒアリング等で
お世話になったみなさまに深くお礼を申し上げます。（敬称略）
垣内光司 ／ 梶川裕仙 ／ 杉野美登里 ／ 関岡孝繕 ／ 竹本真梨 ／ 谷口真也 ／ 富吉則文／ 生川慶一郎 ／ 西村孝平（京都府不動産コンサルティング協会）／ 林泰彦（パラモデル）／ 文山達昭 ／ 堀尾豊 ／ 三上ユミ ／ 森下晴美 ／ 森田眞 ／ 安井正 ／ 山崎妙子 ／ 吉田泰雄（京都府不動産コンサルティング協会）

[著者]
六原まちづくり委員会
京都市東山区の六原学区（人口約 3,300 人）の自治組織「六原自治連合会」の下部組織として 2011 年に発足した地域自走型まちづくり組織。空き家対策と防災まちづくりを軸にまちの課題解決に取り組む。
http://rokuhara.org

ぽむ企画
平塚 桂、たかぎみ江による編集プロダクション。京都と鎌倉を拠点とする。建築・不動産・まちづくりといった分野を中心に、編集、出版、イベント企画、執筆、イラスト等を手がける。
http://pomu.tv

空き家の手帖
放っておかないための考え方・使い方
2016 年 10 月 1 日　初版第 1 刷発行
2017 年 4 月 1 日　初版第 2 刷発行

著　　者	六原まちづくり委員会、ぽむ企画
編集・DTP	ぽむ企画／平塚桂、たかぎみ江
カバー装丁	仲村健太郎
イラスト	たかぎみ江
印　　刷	株式会社 グラフィック
製　　本	六原まちづくり委員会
発 行 者	前田裕資
発 行 所	株式会社 学芸出版社
	600-8216　京都市下京区木津屋橋通西洞院東入
	Tel 075-343-0811

ISBN 978-4-7615-1365-8, Printed in Japan

JCOPY 〈(社) 出版者著作権管理機構委託出版物〉
本書の無断複写（電子化を含む）は著作権法上での例外を除き禁じられています。複写される場合は、そのつど事前に、(社) 出版者著作権管理機構（電話 03-3513-6969、FAX 03-3513-6979、e-mail: info@jcopy. or. jp）の許諾を得てください。
本書を代行業者等の第三者に依頼してスキャンやデジタル化することは、たとえ個人や家庭内での利用でも著作権法違反です。